BIBLIOTHEQUE DRAMATIQUE

Théâtre moderne.

EMBRASSONS-NOUS

FOLLEVILLE

VAUDEVILLE EN 1 ACTE

Prix : 75 centimes

MICHEL LÉVY FRÈRES, LIBRAIRES-ÉDITEURS

RUE VIVIENNE, 2 BIS.

PARIS. — 1851

PIÈCES DE THÉATRE

PARUES DANS LA BIBLIOTHÈQUE DRAMATIQUE,

FORMAT IN-18 ANGLAIS.

Le Gant et l'Éventail. . » 60
La Baronne de Blignac. » 60
L'Inventeur de la Poudre.» 60
Château des Sept-Tours. 3 »
Sport et Turf. 2
Le Docteur Noir. . . . » 60
Charlotte. . . . . . . » 60
Clarisse Harlowe. . . » 60
Madame de Tencin. . 5 »
Don Gusman. . . . . » 60
Le Bonhomme Richard. » 60
Gentil-Bernard. . . . » 60
Échec et Mat. . . . . 1 »
Un Mari qui se dérange. » 60
Closerie des Genêts. . . » 60
Une Chambre à deux lits. » 60
Les Demoiselles de Noce. » 60
Le Nœud Gordien. . . . » 60
Pierre Février. . . . » 60
Gibby la Cornemuse. . 1 »
Le Lait d'Ânesse. . . . » 60
La poudre Coton. . . . » 60
Diable ou Femme. . . . » 60
Un Mari fidèle. . . . » 60
Robert Bruce, opéra. . 1 »
Marie ou l'Inondation. . » 60
Mystères du Carnaval.. » 60
Mademoiselle Navarre. » 60
Trois Rois, Trois Dames. » 60
Un Coup de Lansquenet. » 60
Irène ou le Magnétisme. » 60
En Province. . . . . » 60
Le Filleul de t. le monde. » 60
Le Fantôme. . . . . . » 60
La Reine Margot. . . 1 »
Une fièvre brûlante. . » 60
Bertram le Matelot. . » 60
Alceste. . . . . . 1 «
L'Enfant de l'Amour. . » 60
Notre fille est Princesse. » 60
La Reine Argot. . . . » 60
Palma. . . . . . » 60
Un Docteur en Herbe. » 60
La loge de l'Opéra. . » 60
Ce que Femme veut. . » 60
Léonard le Perruquier.. » 60
Le bouquet de l'Infante. 1 «
Un Coup de Vent. . . » 60
Père et Portier. . . » 60
Le Chiffonnier de Paris. 1 »
La Vicomtesse Lolotte. . » 60
Le Trottin de la Modiste. 3 »
Les Nuits blanches. . . » 60
Les Étouffeurs de Londres.» 60
La Bouquetière. . . . 1 »
Les Notables de l'endroit.» 60
Robert Bruce, drame.. . » 60
Pour arriver. . . . . » 60
Intrigue et amour. . . 1 »
Un Mousquetaire gris. . 1 »
Le jeune Père. . . . » 60
L'École des Familles. . 1 »
Le Chirurgien-Major. . » 60
Charlotte Corday. . . » 60
Le Chev. de Maison Rouge. 1 »
Les Deux Foscari, opéra. 1 »
Les Chiffonniers. . . . » 60
Léa ou la Sœur du Soldat.» 60
Le Fils du Diable. . . 1 »
Le Bonheur sous la main.» 60
Rose et Marguerite. . . » 60
Simon le voleur. . . . » 60
Isabelle de Castille. . . » 60
Le Réveil du Lion. . . . » 60
Le Chevalier d'Essonne. » 60
Les premiers beaux jours.» 60
Regardez, mais ne touchez pas. . . . » 60
Martin et Bamboche. . . 1 »
L'Ordonnance du Médecin. 60
Le Coin du Feu. . . . » 60
Cléopâtre. . . . . . 1 »
Jacques le Fataliste. . » 60
Gastibelza. . . . . . 1 »
Une jeune Vieillesse. . » 60
Les premiers Pas. . . » 60
Jérôme le maçon. . . . » 60
Jérusalem. . . . . . 1 »
En Bonne Fortune. . . » 60
Le Trésor du pauvre. . » 60
La dernière conquête. . » 60
Un Château de Cartes. » 60
Hamlet. . . . . . 1 »
Un Banc d'Huîtres. . . » 60
Les Geais. . . . . . » 60
Les Tribulations d'un grand homme. . . » 60
Journal d'une Grisette. » 60
La Marinette. . . . » 60
Les Mém. de Grammont. » 60
Lavater. . . . . . » 60
Hortense de Blengie. . » 60
Les Mousquetaires de la Reine. . . . 1 »
Marquis de Lauzun. . » 60
Léonie. . . . . . » 60
Les Extrêmes se touchent.» 60
Amour et Bergerie. . » 60
Le Fruit défendu. . . » 60
Le Petit-Fils. . . . » 60
Griseldis ou les Cinq sens. 1 »
La Clef dans le dos. . » 60
Notre-Dame-des-Anges. » 60
Le Collier du Roi. . . » 60
Gille Ravisseur. . . » 60
Un jeune homme pressé. » 60
Le pouvoir d'une femme. » 60
Le 24 février, à propos. . » 60
Vestris. . . . . . » 60
La Foi, l'Espérance et la Charité. . . 1 »
Un voyage sentimental. 2 »
Md. de jouets d'enfants. » 60
Une Poule. . . . . » 60
Horace et Caroline. . . 1 »
Maréchal Ney. . . . 2 »
Eric, ou le Fantôme. . » 60
Guillaume le débardeur. » 60
Le Démon familier. . . » 60
Un et un font un. . . » 60
Les frais de la guerre. . 2 »
La niaise de Saint-Flour. 1 »
Marceau. . . . . . 3 »
Un Déménagement. . . 1 »
Les prem. Coquetteries. » 60
Les Portraits. . . . » 60
La Marâtre. . . . . 1 »
Le Morne au Diable. . . 1 »
Le premier Coup de canif. 60
Le vrai Club des femmes. 1 »
Jeanne Mathieu. . . . » 60
Taverne du Diable. . . » 60
Comtesse de Sennecey. . 2 »
Camp de Saint-Maur. . » 60
Les Mystères de Londres. 1 »
Le chemin de Traverse. » 60
Le Lion empaillé. . . . 1 »
Les Parades de nos Pères.» 60
Le Livre noir. . . . . 1 »
L'affaire Chaumontel. . » 60
Catilina. . . . . . . 1 »
Les Fonds secrets. . . . 1 »
Les Sept Péchés Capitaux. 1 »
Les Deux font la paire. » 60
Un coup de pinceau. . . » 60
Macbeth. . . . . . . 1 »
Envies de Mad. Godard. 3
Vieillesse de Richelieu. 1 »
Le Cuisinier politique. . » 60
Ile de Tohu-Bohu. . . . 3 »
Un vilain Monsieur. . . » 60
Le czar Cornélius. . . » 60
Fualdès. 1
Le Roi de Cœur. . . . » 60
Les 12 Travaux d'Hercule. 60
L'Argent. . . . . . . » 60
Les Lampions de la veille. 1 »
Rage d'Amour. . . . . » 60
Comment les Femmes se vengent. . . . . » 60
Les Marrons d'Inde. . . 2
Tout chemin mène à Rome. 60
Montagne et Gironde.. . 1 »
Le Caïd. . . . . . . 1 »
Bon gré Mal gré. . . . » 60
La petite Cousine. . . » 60
Pardon de Bretagne. . . 1
Foire aux idées. . . . » 60
Orphelins du pont Notre-Dame. 1
Le 24 Février, drame.. . » 6
La Popularité. . . . . » 6
La pension alimentaire. » 6
Le berger de Souvigny. » 6
La Tasse cassée. . . . » 6
Le Pasteur. . . . . . » 6
Mauvais Cœur. 1
Une Dent sous Louis XV.» 6
L'Amitié des Femmes. . 1
Rachel ou la belle Juive. » 6
Habit, Veste et Culotte. » 6
L'Habit vert. 1
Vautrin et Frise-Poulet.» 6
La Mort de Strafford. . » 6
La Danse des Écus. . . . 1
2e No de la Foire aux Idées. 6
Louis XVI et Marie Antoinette. 1
La Paix à tout prix. . » 6
La Cornemuse du diable. » 6
Comte de Sainte-Hélène. » 6
Curé de Pomponne. . . » 6
Gardée à vue. . . . . » 6
Les Monténégrins. . . . 1
Le bouquet de Violettes. » 6
Le Guérillas. . . . . » 6
Les Prétendants. . . . » 6
Jobin et Nanette. . . . » 6
Un Drame de Famille. . » 6
André Chénier. 1
Elzéar Chalumel. . . . » 6
Les trois étages. . . . » 6
Les Puritains d'Écosse. . 1
La Grosse Caisse. . . . » 6
Un Duel chez Ninon. . . » 6
Le Toréador. 1

EMBRASSONS-NOUS

FOLLEVILLE!

COMÉDIE-VAUDEVILLE EN UN ACTE,

PAR

MM. LABICHE ET LEFRANC,

Représentée pour la première fois, à Paris, sur le Théâtre de la Montansier, le 6 mars 1850.

Distribution de la pièce.

LE MARQUIS DE MANICAMP.	MM. Sainville.
LE VICOMTE DE CHATENAY.	Derval.
LE CHEVALIER DE FOLLEVILLE.	Lacourière.
BERTHE, fille de Manicamp.	Mlle Scriwaneck
Un Chambellan du prince de Conti.	M. Remi.
Domestiques.	

EMBRASSONS-NOUS FOLLEVILLE !

Le théâtre représente un salon Louis XV. A droite, premier plan, une porte ; au troisième plan, une croisée. A gauche, deuxième plan, une porte. Au fond, une cheminée ; de chaque côté de la cheminée, une porte ; celle de droite est celle qui conduit au dehors. Sur la cheminée deux vases de porcelaine ; sur une console, à gauche, autre vase en porcelaine avec des fleurs. Chaises, fauteuils, etc.

SCÈNE PREMIÈRE.

DE FOLLEVILLE, *seul.*

(*Folleville à la cantonade.*) Prévenez M. le marquis de Manicamp que le chevalier de Folleville l'attend au salon. (*Descendant la scène.*) Allons, c'est décidé, il faut que j'en finisse aujourd'hui. Comprend-on ce Manicamp?... se prendre tout à coup d'une belle passion pour moi à propos de je ne sais quelle aventure de chasse et vouloir à toute force me faire épouser sa fille. Tous les matins j'entre ici avec la ferme résolution de rompre... mais dès que Manicamp m'aperçoit... il m'ouvre les bras, me caresse, m'embrasse en m'appelant son cher Folleville... son bon Folleville... le moyen de dire à un père aussi souriant : Votre fille n'est pas mon fait, cherchez un autre gendre... alors j'hésite, je remets au lendemain, les jours se passent et si ça continue je me trouverai marié sans m'en apercevoir... ce n'est pas que mademoiselle Berthe de Manicamp soit plus mal qu'une autre... Au contraire, elle est jolie, spirituelle, riche... oui, mais elle a un défaut, elle est petite... Oh! mais petite !.. tandis que ma cousine Aloïse !... une cousine de cinq pieds quatre pouces !...

Air : *La Colonne.*

Sa taille svelte, élancée et bien prise
A sur mon cœur des charmes tout-puissants,
J'ai constaté d'ailleurs, avec surprise,
Qu'elle grandit encore tous les ans,
Elle grandit encore tous les ans.
Plus je la vois qui s'élève et progresse,
Plus mon amour va pour elle en croissant,
A ce jeu-là, je ne sais pas vraiment
Où doit s'arrêter ma tendresse.

D'ailleurs, notre mariage est arrêté depuis longtemps entre les deux familles... Ma foi! j'en suis fâché pour mademoiselle Berthe, mais je vais déclarer tout net à Manicamp...

SCÈNE II.

FOLLEVILLE, MANICAMP.

MANICAMP, *dans la coulisse*.*

Où est-il ? où est-il ? (*Paraissant.*) Ah ! vous voilà ! mon cher Folleville !... mon bon Folleville !

FOLLEVILLE, *à part*.

Voilà que ça commence.

MANICAMP.

Embrassons-nous, Folleville !

FOLLEVILLE.

Avec plaisir, Manicamp. (*Ils s'embrassent.*)

MANICAMP.

Ne m'appelez pas Manicamp... ça me désoblige... appelez-moi beau-père...

FOLLEVILLE.

C'est que je suis venu pour causer avec vous... sérieusement.

MANICAMP.

Parlez... je vous écoute... mon gendre...

FOLLEVILLE, *à part, mécontent*.

Son gendre ! (*Haut.*) Croyez, marquis, que c'est après avoir mûrement réfléchi...

MANICAMP, *avec attendrissement*.

Ce bon Folleville !.. ce cher Folleville ! Embrassons-nous, Folleville !

FOLLEVILLE, *se prêtant froidement*.

Avec plaisir, Manicamp. (*Ils s'embrassent.—Reprenant.*) Croyez, marquis, que c'est après avoir mûrement réfléchi...

MANICAMP.

A propos, les dentelles sont achetées !

FOLLEVILLE.

Quelles dentelles ?

MANICAMP.

Pour la corbeille.

FOLLEVILLE, *à part*.

Allons, bon ! (*Haut.*) Mais nous avions le temps.

MANICAMP.

Du tout... du tout... Hier, j'ai annoncé officiellement votre mariage au prince de Conti.

FOLLEVILLE.

Comment?

MANICAMP.

Je ne pouvais m'en dispenser, c'est mon protecteur le plus fervent auprès du roi Louis XV.

FOLLEVILLE.

Mais rien ne pressait. Vous allez ! vous allez !

* Folleville, Manicamp.

MANICAMP.

Dites donc, il a promis de signer au contrat... Un prince du sang ! hein ! quel honneur !

FOLLEVILLE.

Sans doute... Je suis extrêmement flatté, mais...

MANICAMP.

Ah çà, vous ne m'avez pas encore remis l'état de vos biens.

FOLLEVILLE.

Pourquoi faire ?

MANICAMP.

Pour le contrat. J'ai rendez-vous aujourd'hui chez mon notaire.

FOLLEVILLE, *à part.*

Le contrat ! Ah çà, il m'enlace, il me garrotte...

MANICAMP, *avec attendrissement.*

Et dans quelques jours...ma fille sera...ah ! mon cher Folleville ! mon bon Folleville !.. embrassons-nous, Folleville !

FOLLEVILLE.

Avec plaisir, Manicamp. (*Ils s'embrassent.*) Sans reproches, c'est la troisième fois.

MANICAMP.

C'est possible ! mais je vous aime tant !

FOLLEVILLE.

Voyons, Manicamp, pas d'exaltation... Qu'est-ce que je vous ai fait pour être aimé comme ça !

MANICAMP.

Voici comment ça m'est venu. Nous chassions le canard sauvage...

FOLLEVILLE.

Ah ! bah ! vous pensez encore à cette vieille histoire !

MANICAMP.

Toute ma vie, Folleville, toute ma vie ! car sans vous... sans votre magnanimité...

FOLLEVILLE.

A quoi bon rappeler !..

MANICAMP.

Si, si, je me suis conduit, à votre égard, comme un palefrenier... que voulez-vous ? Je suis vif, je m'échauffe, je m'emporte comme une soupe au lait... et je deviens d'une brutalité ! (*Reprenant.*) Nous chassions donc le canard...

FOLLEVILLE.

Assez, assez, je la connais...

MANICAMP.

Permettez... ce sera mon châtiment. (*Reprenant.*) Nous chassions le canard... aux environs de Versailles, nous marchions à petits pas, dans les roseaux qui bordent l'étang de Saint-Cucufa. Tout à coup, vous me dites, avec une grande sagacité : Marquis, pour approcher les canards, il faut prendre le vent. Je vous réponds : C'est juste, il vient de l'ouest, tournons à

droite. — Il vient de l'est, répliquez-vous, tournons à gauche.
— Par exemple! si ce vent-là vient de l'est!.. je vous dis qu'il
vient de l'ouest. — Je vous dis qu'il vient de l'est! — A ce moment, brrron! une bande de canards sort des roseaux... pan!
je tire!

FOLLEVILLE.

Moi aussi.

MANICAMP.

Il en tombe un... aussitôt vous criez : Il est à moi! je l'ai
tué! — C'est un peu fort!.. vous avez tué ce canard-là, vous?
— Oui, j'ai tué ce canard-là, moi! — Ça n'est pas vrai! —
Marquis! — Chevalier! — Alors, ma diable de tête se monte,
se monte... vous me prenez le bras... je vous repousse : Puisque tu l'as tué, apporte!.. et paf! vous voilà dans l'étang!

FOLLEVILLE.

De tout mon long.

MANICAMP.

Au même instant, la chasse débouche, le roi en tête,
Louis XV, la fine fleur de la courtoisie!.. Que faire? une pareille
brutalité! j'étais perdu, déshonoré!.. enfin, on vous repêche,
on vous questionne... moi, j'enviais le sort des poules d'eau...
pour plonger. — Rien de plus simple, répondez-vous avec
calme; je causais avec Manicamp, mon pied a glissé, et je suis
tombé... A ces mots, Folleville! ah! je sentis une douce larme
perler sous mes longs cils bruns. J'étais sauvé!

FOLLEVILLE.

Oui, mais le lendemain, je me présentais chez vous, avec
deux témoins.

MANICAMP.

Un duel! avec vous!.. je n'eus que la force de vous dire :
Ah! Folleville! mon bon Folleville! embrassons-nous, Folleville!

FOLLEVILLE, *se méprenant et lui ouvrant les bras.*
Avec plaisir, Mani... ah! non!

MANICAMP.

Alors je vous offris ce que j'avais de plus précieux, ma fille,
un trésor, un ange, une perle.

FOLLEVILLE.

Certainement, mais...

MANICAMP.

AIR : *Avec un fil pareil.*

Si nous voyons un plongeur intrépide
De l'Océan bravant l'épouvantail,
Descendre au fond d'un élément perfide...
C'est pour cueillir la perle ou le corail;
De même, hélas! un jour, dans une mare
N'avez-vous pas plongé comme un goujon :
Je vous devais, mon cher, la perle rare,
Moi qui vous ai procuré le plongeon;
Ma fille doit être la perle rare
Qui dédommage à l'instant du plongeon.

(*Parlé.*) D'ailleurs, vous l'aimez.

FOLLEVILLE.

Permettez...

MANICAMP.

On ne peut pas ne pas aimer ma fille !

FOLLEVILLE, *à part.*

Allons, il n'y a pas à hésiter. (*Haut.*) Croyez, marquis, que c'est après avoir mûrement réfléchi...

(*Bruit de vaisselle cassée, à gauche.*)

SCÈNE III.

FOLLEVILLE, MANICAMP, BERTHE *.

BERTHE, *dans la coulisse de gauche, avec colère.*

Vous êtes une sotte ! une impertinente ! une maladroite !

MANICAMP.

Ma fille ! qu'y a-t-il donc ?

BERTHE, *entrant par la gauche.*

Oh ! je suis furieuse !.. vous savez bien mon perroquet... mon beau perroquet bleu...

MANICAMP.

Oui.

BERTHE.

Eh bien ! Marton a laissé sa cage ouverte, et il s'est envolé !

MANICAMP.

Ah ! mon Dieu ! et qu'est-ce que tu as fait ?

BERTHE.

J'ai cassé un cabaret de porcelaine, v'lan !

MANICAMP.

Ah ! et dans quel but ?

BERTHE.

Dame ! puisque mon perroquet s'estenvolé.(*Elle remonte et va à la fenêtre de droite.*)

MANICAMP.

C'est juste. (*A Folleville.*) Elle est charmante... c'est tout mon portrait... Berthe...

BERTHE.

Mon père...**

MANICAMP.

Voilà Folleville... tu ne veux donc pas saluer Folleville ?

BERTHE.

Ah ! pardon !... (*Saluant Folleville.*) Monsieur....

FOLLEVILLE, *saluant.*

Mademoiselle !... (*A part.*) Elle me paraît encore plus petite qu'hier.

---

* Folleville, Berthe, Manicamp.
** Folleville, Manicamp, Berthe.

SCÈNE III.

MANICAMP.

Quand tu es entrée le chevalier me peignait son amour sous des couleurs...

FOLLEVILLE.

Moi?

MANICAMP.

Brûlantes! oh! mais brûlantes! Continuez, chevalier...

BERTHE.

En vérité, Monsieur est bien bon....

FOLLEVILLE, *d'un air contraint.*

Certainement, Mademoiselle... quand il s'agit... d'une personne aussi jolie, aussi spirituelle, aussi...

MANICAMP, *à part.*

Tout ça, c'est froid! c'est froid! (*Haut.*) Ce pauvre chevalier... tu l'intimides... lui qui était si bouillant tout à l'heure... car tu ne sais pas... il me pressait, il me pressait!

BERTHE.

Pourquoi?

MANICAMP.

Pour votre mariage. J'avais beau lui dire : Mais, chevalier, il faut le temps, que diable, le contrat, les publications, la corbeille... sais-tu ce qu'il me répondait : Mariez-nous! mariez-nous! mariez-nous!

FOLLEVILLE.

Mais, permettez...

MANICAMP , *à Folleville.*

Impétueux chevalier! (*A Berthe.*) Et dans sa joie, il m'a chargé de t'offrir un gage... cet anneau des fiançailles.

FOLLEVILLE.

Moi ?

MANICAMP, *bas à Folleville.*

Taisez-vous donc! j'y ai pensé pour vous.

BERTHE.

Ah! le beau diamant!

MANICAMP.

Voyons.... (*L'examinant.*) Oh! c'est magnifique... c'est trop beau, chevalier, vous la gâtez, allons, vous nous gâtez!...

FOLLEVILLE.

Mais non... je ne puis souffrir....

MANICAMP.

Tenez, Folleville, embrassez ma fille.

FOLLEVILLE, *effrayé.*

Hein ?

MANICAMP.

Allons, du feu! morbleu! du feu*!

FOLLEVILLE.

Mais je ne sais pas si Mademoiselle...

* Manicamp, Folleville, Berthe.

BERTHE.

Puisque papa le permet...

FOLLEVILLE.

Certainement... mais...

BERTHE, *avec impatience.*

Mais dépêchez-vous donc! est-ce que vous seriez lent?

MANICAMP.

Lui! c'est un salpètre! (*Le poussant.*) Allez donc!
(*Folleville embrasse Berthe sur une joue et passe à droite.* *)

MANICAMP.

Et l'autre!

FOLLEVILLE.

L'autre?.. ah!.. oui!.. (*Folleville embrasse lentement l'autre
joue.*)

BERTHE, *à part.*

Il me fait bouillir...

MANICAMP, *à Folleville.*

Eh bien! en êtes-vous mort?

FOLLEVILLE, *tristement.*

Je suis au comble de la joie. (*A part.*) Impossible de ne pas
l'épouser maintenant... je vais écrire à mon oncle pour rompre mon mariage avec ma cousine Aloïse. (*Haut.*) Marquis, où
pourrais-je trouver ce qu'il faut pour écrire?

MANICAMP.

Là, dans ce cabinet. ** Mais, revenez vite, car je ne peux
pas me passer de vous...

AIR : *Harri, mules fidèles.* (Henrion.)

MANICAMP.

Hâtez-vous donc, mon gendre,
Et revenez me prendre;
Car d'une amitié tendre
Pour vous je suis coiffé.

ENSEMBLE.

MANICAMP.

Hâtez-vous donc, mon gendre,
Car d'une amitié tendre,
Pour vous je suis coiffé (*bis*).

FOLLEVILLE, *à part.*
Comment donc me défendre
De cette amitié tendre,
Dont il se dit coiffé (*bis*).

BERTHE.

Il l'appelle son gendre ;
D'une amitié si tendre,
Peut-on être coiffé (*bis*)!
(*Folleville entre à droite, premier plan*).

* Manicamp, Berthe, Folleville.
** Berthe, Folleville, Manicamp.

SCÈNE IV.

MANICAMP, BERTHE. *

MANICAMP.

Ah ça, maintenant, à nous deux, Mademoiselle... j'ai à vous gronder.

BERTHE.

Moi, mon père?

MANICAMP.

Oui ; je n'ai pas voulu le faire devant Folleville, pour ne pas lui ôter ses illusions. Approchez, ma fille... Hier, je vous ai permis d'aller au bal du surintendant en compagnie de votre tante, la duchesse de Pontmouchy.

BERTHE.

Oui, mon père.

MANICAMP.

A ce bal, qu'avez-vous fait?

BERTHE, *hésitant.*

Dame !... j'ai dansé le menuet.

MANICAMP.

Et après....

BERTHE.

J'ai encore dansé le menuet.

MANICAMP.

Et pendant ce second menuet, qu'est-il advenu ?

BERTHE.

Mais, papa...

MANICAMP.

Qu'est-il advenu ?

BERTHE.

Écoutez donc... ce n'est pas ma faute, j'avais pour danseur un monsieur... si ridicule.

MANICAMP.

Le vicomte de Chatenay ridicule... un homme très-bien en cour, le favori du prince de Conti... du mari de votre marraine... et vous avez osé... lui donner un soufflet !... ah ! Berthe !

BERTHE, *câlinant.*

D'abord, papa, ce n'est pas un soufflet... c'est une petite tape... sur la joue.

MANICAMP.

Une petite tape sur la joue... ah ! Berthe !

BERTHE, *se montant.*

Ma foi ! il l'avait bien mérité ! Quand on ne sait pas danser, quand on est gauche, quand on est maladroit, on ne se lance pas dans un menuet, on n'expose pas une jeune fille à devenir la risée des assistants... tant pis ! tant pis ! tant pis !

* Berthe, Manicamp.

MANICAMP.

Ta ta ta ! la voilà partie !... mais enfin que t'a fait le comte de Chatenay pour nécessiter cet emploi de la force brutale ?

BERTHE.

Ce qu'il m'a fait? d'abord il m'a fait manquer trois fois ma figure ; au lieu de chasser, monsieur déchasse !...

MANICAMP.

Eh bien !

BERTHE.

Nous recommençons et au lieu de déchasser, monsieur chasse.

MANICAMP.

Eh bien !

BERTHE.

Enfin au moment où je lui faisais ma révérence... une révérence que j'avais travaillée... qu'est-ce que je trouve ?... son dos ! Monsieur saluait.. dans l'autre sens !... on riait, on se moquait de nous et ma foi, la colère!... (*Trépignant.*) Tant pis ! tant pis ! tant pis !

MANICAMP, *à part, avec satisfaction.*

Je me reconnais là ; elle est charmante! (*Haut, sérieusement.*) Ma fille, vous êtes une sotte !

BERTHE.

Mais pourtant...

MANICAMP.

Croyez-vous qu'un soufflet puisse enseigner le menuet à celui qui l'ignore ?

BERTHE.

Non, papa.

MANICAMP.

Croyez-vous qu'un cabaret de porcelaine cassé soit un moyen de rappeler un perroquet qui s'envole ?

BERTHE.

Non, papa.

MANICAMP.

Très-bien. Maintenant, concluez !... concluez !

BERTHE.

C'est plus fort que moi... quand on me contrarie... j'ai envie d'égratigner !

MANICAMP.

Mais que va-t-on dire de toi dans le monde !... une jeune personne qui boxe avec ses danseurs... on ne t'invitera plus.

BERTHE, *avec coquetterie.*

Oh ! que si !

MANICAMP.

Et le vicomte de Chatenay... je suis passé ce matin chez lui pour lui faire mes excuses, je ne l'ai pas trouvé. Sais-tu qu'il serait en droit de me demander une réparation... nous pourrions croiser le fer.

BERTHE.

Oh ! mon Dieu !

MANICAMP.

Heureusement qu'on le dit homme d'esprit... il se contentera de se moquer de toi.

BERTHE.

Comment ! vous croyez...

MANICAMP.

Parbleu ! il va te cribler, te larder, te lapider, et ce sera bien fait !

BERTHE.

Ah mon Dieu ! mon Dieu ! mais pourquoi ne sait-il pas danser le menuet ?

MANICAMP, *prêchant.*

Ma fille, que cette leçon vous serve...

BERTHE.

Mais, mon père...

MANICAMP, *continuant.*

Qu'elle vous apprenne à commander vos passions...

BERTHE.

Peut-être qu'en voyant le vicomte...

MANICAMP, *continuant.*

Que toujours une dignité calme...

BERTHE.

On pourrait le prier...

MANICAMP, *continuant.*

Une égalité parfaite...

BERTHE.

Le supplier...

MANICAMP, *éclatant.*

Mais écoutez-moi donc, sacrebleu ! je vous prêche la patience, la modération, mille tonnerres ! et vous ne m'écoutez pas, ventrebleu !

BERTHE.

C'est que vous prêchez... en jurant...

MANICAMP.

C'est juste, c'est plus fort que moi, c'est dans le sang !... (*Remontant.*) Tiens ! je vais chez mon notaire... pour le conrat... ça me rafraîchira...* toi tu tiendras compagnie à Folleville... ça l'émoustillera... c'est-à-dire... enfin... tu comprends que... bonsoir, ma fille.

ENSEMBLE.

MANICAMP.

Air : *Quadrille du Juif-Errant.* (Pantalon.)
C'est ton bonheur qui me réclame,
Ton bonheur qui fait trois heureux,
Pour ne pas mériter le blâme
Dès ce soir je veux
Combler ici tous les vœux.

* Manicamp, Berthe.

BERTHE.

C'est mon bonheur qui le réclame,
Mon bonheur qui fait trois heureux,
Pour ne pas mériter de blâme
Quittez donc ces lieux
Afin de combler nos vœux.
(*Manicamp sort par le fond à gauche*).

SCÈNE V.

BERTHE, *seule.*

C'est vrai que je suis un peu vive... c'est égal, hier, j'ai été trop loin... quand je pense que devant toute la cour... au beau milieu du salon j'ai osé... et un bon encore ! je l'ai toujours dans l'oreille. Que va-t-on penser de moi ?... et le vicomte !.. un homme que je suis exposée à rencontrer tous les ours... oh ! s'il se présentait devant moi... il me semble que je mourrais de honte !

SCÈNE VI.

BERTHE, LE VICOMTE DE CHATENAY.

CHATENAY, *entrant par le fond à droite.**

Personne !... M. le marquis de Manicamp.

BERTHE.

Ah ! mon Dieu ! c'est lui !

CHATENAY, *apercevant Berthe.*

Eh ! mais... je ne me trompe pas...

BERTHE, *à part.*

Ah ! je voudrais bien me sauver...

CHATENAY.

Ma jolie danseuse...

BERTHE, *sans le regarder.*

Oui, Monsieur... c'est moi qui...

CHATENAY.

Enchanté, Mademoiselle, de renouveler connaissance avec une personne... dont les rapports...

BERTHE, *id.*

C'est moi, Monsieur, qui suis flattée... (*Saluant.*) J'ai bie l'honneur de vous saluer.

CHATENAY.

Eh ! quoi ! vous me quittez...

BERTHE, *id.*

Je crois qu'on m'appelle...

CHATENAY.

J'ai beau prêter l'oreille...

BERTHE, *id.*

C'est que... mon père est sorti...

CHATENAY.

Ah ! tant mieux !

* Chatenay, Berthe.

BERTHE, *saluant.*

Comment !

CHATENAY.

Si vous le permettez... nous l'attendrons... en causant.

BERTHE, *id.*

Oui, Monsieur. (*A part.*) Nous allons causer !

CHATENAY.

Vous paraissez aimer vivement la danse, Mademoiselle ?

BERTHE, *id.*

Oui, Monsieur.

CHATENAY.

Et vigoureusement le menuet ?

BERTHE, *à part.*

Nous y voilà.

CHATENAY.

Eh bien ! vous avez raison, car vous y déployez une grâce, une souplesse, une vivacité... une vivacité surtout !

BERTHE, *à part.*

Il veut parler de... (*Elle fait le geste de donner un soufflet.*)

CHATENAY.

J'ai beaucoup voyagé... j'ai vu danser à peu près toutes les cours de l'Europe, et, sans flatterie, nulle part, je n'ai rencontré cette élégance facile, cette distinction sans raideur...

BERTHE.

Ah ! Monsieur ! (*A part.*) Mais il n'est pas méchant du tout. (*Haut, avec hésitation.*) Et vous, Monsieur, vous ne dansez donc pas ?

CHATENAY.

Moi ? quelquefois... hier, par exemple...

BERTHE, *à part.*

Aïe !

CHATENAY.

Mais j'ai si peu de succès...

BERTHE, *à part.*

J'ai eu tort de lui demander ça.

CHATENAY.

Pour que je me lance, pour que je me décide à exposer en public ma gaucherie naturelle, il faut que je sois entraîné, fasciné...

BERTHE.

Ah ! Monsieur ! (*A part.*) Dire que j'ai donné un soufflet à ce grand monsieur-là.

CHATENAY.

Alors je perds la tête... j'oublie mon insuffisance... je vais... je vais... jusqu'à ce qu'un accident imprévu... quelquefois je glisse sur le parquet... quelquefois je me cogne contre un meuble.... ou contre... autre chose... ça me réveille, je rentre en moi-même... je suis honteux du désordre que j'ai causé...

et je n'existe plus jusqu'au moment où il m'est permis de présenter à ma danseuse mes excuses et mes regrets.

BERTHE.

Des excuses! mais c'est moi qui vous en dois... et je vous prie bien d'oublier un mouvement... d'impatience!

CHATENAY.

L'oublier! jamais. Il y a dans ce qui m'est arrivé... par votre intermédiaire... je ne sais quoi d'imprévu, de piquant, d'original qui me séduit... qui m'enchante... Croiriez-vous que depuis hier... cette charmante petite... rencontre ne me sort pas de la tête... elle me trotte... elle me galope... enfin, je n'y tenais plus... j'avais besoin de vous voir, de vous dire...

BERTHE.

Ah! Monsieur, n'accusez que ma vivacité...,

CHATENAY.

Vous êtes vive! Oh! j'adore ces caractères-là... mais moi aussi je suis vif, emporté, bouillant...

BERTHE.

Ah! bah!

CHATENAY.

Tenez, ce matin, au moment de sortir j'ai brisé un vase de Chine.

BERTHE.

Et moi un cabaret de porcelaine.

CHATENAY.

Vraiment! Ah! c'est charmant! ça fait tant de bien de briser, de casser...

BERTHE.

Oh! oui...

CHATENAY.

Et puis après, le dos tourné on n'y pense plus.

BERTHE.

C'est comme moi.

CHATENAY.

AIR :

Quand le jour luit, quand l'orage s'apaise
On redevient doux comme un Benjamin.
Ça ne dit pas qu'on ait l'âme mauvaise.

BERTHE.

C'est comme moi, j'ai le cœur sur la main.

CHATENAY.

Ah! j'aurais dû m'en douter; je l'avoue,..

BERTHE.

Pourquoi cela?

CHATENAY.

C'est qu'à ne pas mentir,
Hier au bal, j'avais bien cru sentir
Votre cœur tout près de ma joue.

BERTHE.

Monsieur... (À part.) C'est qu'il est aimable! très-aimable!

SCÈNE VI.

CHATENAY.

Il me reste une prière à vous adresser...

BERTHE.

Laquelle ?

CHATENAY.

Seriez-vous assez bonne... pour m'apprendre...

BERTHE.

Quoi ?

CHATENAY.

Le menuet.

BERTHE, *à part.*

Par exemple ! (*Haut.*) Mais, Monsieur...

CHATENAY.

C'est que... comme j'ai l'intention de vous inviter souvent...
je craindrais de vous fatiguer... le bras !... Voyons, un menuet,
je vous en prie !

BERTHE.

Mais, Monsieur, on ne danse pas comme ça dans le jour.

CHATENAY, *remontant.*

Voulez-vous que je revienne ce soir?

BERTHE, *le suivant.*

Mais non, Monsieur.

CHATENAY.

Alors, un petit menuet.

BERTHE.

Oh ! que vous êtes tourmentant... Allons, puisque vous le
voulez absolument. (*Elle se pose.*) D'abord, si vous me regardez
comme ça... je n'oserai jamais...

CHATENAY.

D'un autre côté, si je ne vous regarde pas, j'apprendrai diffi-
lement...

BERTHE.

On peut voir sans regarder.

CHATENAY.

Ah !

BERTHE.

Nous autres demoiselles, nous voyons très-bien, très-bien !...
nous ne regardons jamais.

CHATENAY, *à part.*

Petite Tartufe !

BERTHE.

Je commence.

BERTHE, *dansant.*

AIR : *Menuet d'Exaudet.*

Gravement,
Noblement
On s'avance ;
On fait trois pas de côté,
Deux battus, un jeté,
Sans rompre la cadence.

CHATENAY.
Ah ! vraiment,

C'est charmant !
Je me lance ;
Par votre exemple, entraîné,
Oui, j'aime, en forcené,
La danse.

BERTHE.

Mettez-y donc plus de grâce !

CHATENAY.
Faut-il reprendre ma place ?
BERTHE.
Non, chassez,
Rechassez..,
En mesure !...*
(*Chatenay salue en tournant le dos*).
Saluez... mais pas par là !
Vers moi tournez donc la

Figure !
CHATENAY.
M'y voici !
C'est ainsi,
Je suppose ;
Pardon, si je suis distrait,
Mon professeur en est
La cause. **

CHATENAY, *vivement.*

Mademoiselle, je n'y tiens plus ! je ne sais pas si c'est le menuet ou l'amour, mais je vous aime, je vous adore et je demande à vous épouser...

BERTHE.

Comment, Monsieur !

CHATENAY.

Si vous me refusez, je me jette par la fenêtre. (*Il court vivement à la fenêtre de droite et l'ouvre.*)

BERTHE.

Ah !

CHATENAY.

Prenez garde, je suis très-vif !

BERTHE, *effrayée.*

Arrêtez, Monsieur, arrêtez.

CHATENAY, *tenant la fenêtre.*

M'aimez-vous ?

BERTHE.

Mais... (*Sur un mouvement de Chatenay.*) Oui, monsieur !... oui, Monsieur !

CHATENAY.

Ce n'est pas assez... m'adorez-vous ?

BERTHE.

Dame !... (*Nouveau mouvement de Chatenay.*) Oui, Monsieur mais fermez la fenêtre !

CHATENAY.

Consentez-vous à m'épouser ?

BERTHE.

Avec plaisir ! mais fermez la fenêtre.

CHATENAY.

Ah ! Mademoiselle ! tant de bontés ! pour moi, que vous connaissez à peine...

BERTHE.

Il le faut bien ! vous avez une manière si pressante... ah mon Dieu ! et Folleville !

CHATENAY.

Qu'est-ce que c'est que ça, Folleville ?

BERTHE.

Un prétendu qui doit m'épouser dans quelques jours.

CHATENAY.

Vous l'aimez ?

* Berthe, Chatenay.
** Chatenay, Berthe.

BERTHE.

Mais pas du tout !

CHATENAY.

Eh bien ! alors...

BERTHE.

C'est qu'il m'a donné une bague, une très-jolie bague.

CHATENAY.

Vous la lui rendrez.

BERTHE.

C'est juste !... j'en achèterai une autre quand je serai mariée.

CHATENAY.

Vous en aurez dix ! vous en aurez vingt ! vous en aurez cent !

BERTHE.

Ah çà, et mon père !

CHATENAY.

Qu'est-ce que ça lui fait ! moi ou Folleville.

BERTHE.

Au fait.

CHATENAY.

Je suis riche, je suis noble, je vous aime.... il ne peut rien répondre à cela.

BERTHE.

Certainement.

CHATENAY.

Où est-il ?

BERTHE.

Chez le notaire pour le contrat.

CHATENAY.

J'y cours, je lui fais ma demande et...

BERTHE.

Mais, Monsieur...

CHATENAY.

Je vais rouvrir la fenêtre !

BERTHE, *vivement.*

Partez ! partez...

ENSEMBLE.

CHATENAY.

AIR : *Quadrille de Bayard.* (Pantalon.)
Oui, dès aujourd'hui je veux votre main
Et ne prétends pas attendre à demain,
Je suis j'en suis sûr l'époux qu'il vous faut,
Vous me reverrez bientôt.

BERTHE.

Quoi ! déjà vraiment vous voulez ma main
Et sans vouloir même attendre à demain.
Vous êtes, je crois, l'époux qu'il me faut,
Mais aujourd'hui c'est bien tôt.
(*Chatenay sort vivement par le fond à droite*).

SCÈNE VII.

BERTHE, *puis* FOLLEVILLE.

BERTHE, *seule.*

Ah! je suis encore tout étourdie!... eh bien! donnez donc des soufflets aux messieurs!... il est très-bien le vicomte... et puis il a une manière d'arranger les choses... il est évident que si je ne l'épouse pas, je serai malheureuse... oh! mais très-malheureuse!... d'abord nous nous aimons... c'est drôle, comme ça vient vite... ça dépend aussi des personnes... avec Folleville ça n'est pas venu du tout... je vais lui rendre sa parole, sa bague et le prier de me laisser tranquille... (*Elle remonte.*) Justement le voici.

FOLLEVILLE, *sortant du cabinet de droite une lettre à la main.*

Allons, le sort en est jeté! Pauvre Aloïse! il est écrit que je ne t'épouserai pas.

BERTHE, *à part.*

Du courage. (*Haut.*) Monsieur le chevalier...

FOLLEVILLE.

Mademoiselle?

BERTHE.

Vous m'aimez, je le sais, et je ne vous en veux pas pour ça... de mon côté, j'ai fait ce que j'ai pu... et certainement ce n'est pas ma faute si... mais enfin... que voulez-vous... (*A part.*) C'est très-difficile à dire ces choses-là.

FOLLEVILLE.

Expliquez-vous... je ne comprends pas...

BERTHE.

Enfin, Monsieur. (*Résolument.*) J'en aime un autre...

FOLLEVILLE, *avec joie.*

Comment!

BERTHE, *vivement.*

Un jeune homme très-bien, qui danse très-mal et à qui j'ai donné des gages...

FOLLEVILLE.

Est-il possible? ah! Mademoiselle!

BERTHE, *de même.*

Ainsi, reprenez votre parole, voici votre bague, je n'ai plus rien à vous, nous sommes quittes... (*Avec impatience.*) Mais reprenez donc votre bague!

FOLLEVILLE, *à part.*

Elle n'est pas à moi... (*Haut.*) En conscience je ne le puis.

BERTHE, *se montant.*

Comment, Monsieur, vous persistez à m'épouser... ah! c'est trop fort!

FOLLEVILLE.

Permettez...

BERTHE, *s'animant.*

Après ce que je vous ai dit? vous voulez faire violence à mon cœur, à mes sentiments...

Berthe, Folleville.

FOLLEVILLE.

Mais non...

BERTHE.

AIR : *Tourmentez-vous bien.* (P. Henrion.)
Prenez garde à vous (*bis*) !
Je serai méchante !
En vain, mon époux (*bis.*)
Patient et doux,
Chaque jour sera
Et se montrera
D'humeur indulgente,
Trahissant ses vœux,
Je prétends, je veux
Qu'il soit malheureux !
J'entends aussi, pour allumer sa rage,
Prendre à son nez, choisir sous ses yeux,
Des amoureux !... beaucoup d'amoureux !
Je ne sais pas ce que c'est, mais, je gage
Qu'en m'informant auprès du voisinage
On me le dit, vraiment, à qui mieux mieux !

FOLLEVILLE.

Mais enfin, Mademoiselle...

BERTHE, *reprenant l'air.*

Prenez garde à vous etc.

FOLLEVILLE.

Mais je ne vous aime pas ! je ne vous aime pas !

BERTHE.

Comment?... alors reprenez donc votre bague !

FOLLEVILLE, *la prenant, à part.*

Au fait, je la rendrai à Manicamp. (*A Berthe.*) Ah ! Mademoiselle ! vous me comblez de joie... car moi aussi j'en aime une
autre...

BERTHE.

Ah bah !

FOLLEVILLE.

Et cette lettre, c'était pour rompre (*Il la déchire.*) Pauvre
Aloïse !

BERTHE.

Ainsi vous ne m'en voulez pas...

FOLLEVILLE.

Au contraire... puisque je ne vous ai jamais aimée... je vous
trouve trop petite.

BERTHE.

Par exemple !

FOLLEVILLE.

C'est votre père, c'est Manicamp... qui, à la chasse aux canards... mais du moment que je ne vous épouse plus.... vous
êtes la plus adorable des femmes ! (*Il lui embrasse la main.*)
Tenez ! tenez ! tenez !

SCÈNE VIII.

FOLLEVILLE, MANICAMP.

MANICAMP, *paraissant au fond à droite.*

Bravo ! mon gendre ! bravo !

BERTHE.

Oh! (*Elle se sauve à gauche.*)

MANICAMP. *

Ah! mon compliment, Folleville!... je me disais toujours quand il sera échauffé, il ira très-bien... il s'agit de l'échauffer.

FOLLEVILLE.

N'allez pas croire au moins...

MANICAMP.

Que vous embrassiez ma fille!

FOLLEVILLE.

Si... mais qu'est-ce que ça prouve... (*A part.*) Allons, il le faut. (*Haut.*) Marquis, j ai à vous parler sérieusement.

MANICAMP.

A moi? je vous écoute.

FOLLEVILLE.

Croyez que c'est après avoir mûrement réfléchi...

MANICAMP.

A quoi?

FOLLEVILLE.

C'est bien malgré moi... mais... enfin... je ne pourrai jamais épouser votre fille.

MANICAMP.

Comment! ah! voilà du nouveau! et pourquoi, Monsieur, pourquoi?

FOLLEVILLE.

D'abord mademoiselle Berthe aime quelqu'un.

MANICAMP.

Ce n'est pas vrai.

FOLLEVILLE.

Et moi-même de mon côté...

MANICAMP.

Ce n'est pas possible... vous aimez Berthe!

FOLLEVILLE, *résolument.*

Eh bien! non, là.

MANICAMP.

On ne peut pas ne pas aimer Berthe.

FOLLEVILLE.

Cependant...

MANICAMP.

Et puisque vous aimez Berthe, vous épouserez Berthe!

FOLLEVILLE.

Voyons... écoutez-moi, marquis...

MANICAMP.

Je n'écoute rien! ne pas épouser ma fille! vous, mon meil-leur ami! je vous égorgerais plutôt!

FOLLEVILLE, *à part.*

Diable d'homme!

MANICAMP.

Je n'ai qu'une parole, moi, Monsieur! et c'est quand le ma-

* Manicamp, Folleville.

riage est prêt, quand le notaire va venir, quand le prince de
Conti est prévenu...

FOLLEVILLE.

Le prince ! je n'y pensais plus.

MANICAMP.

Quand la chose a pris un caractère public, officiel...

FOLLEVILLE, *à part.*

Le fait est qu'il est un peu tard...

MANICAMP.

Enfin, c'est au moment où je vous trouve seul avec ma fille. .
l'embrassant !... que vous venez me dire...

AIR :

Voyons, Monsieur, parlons raison ;
Oubliez-vous que je suis père ;
Des filles de notre maison,
Quel usage entendez-vous faire !
Sur leur front un baiser secret
Vaut d'un contrat les signatures,
Et c'est un acte qui n'admet
Ni les renvois ni les ratures !

FOLLEVILLE, *à lui-même.*

Allons, puisqu'il le faut... il n'y a qu'une lettre à récrire...
(*à Manicamp*) et je vais de ce pas...

MANICAMP, *le poursuivant les bras ouverts.*

Ah ! Folleville ! mon cher Folleville !

FOLLEVILLE, *reculant.*

Adieu, adieu, Manicamp. (*Il entre dans le cabinet à droite.*)

SCÈNE IX.

MANICAMP, *puis* CHATENAY. *

MANICAMP.

Ce bon Folleville !... je sens une larme perler sous mes longs
cils bruns.

CHATENAY, *entrant très-vivement par le fond à droite. Il est es-
souflé.*

Enfin ! je vous trouve !

MANICAMP.

Le vicomte de Chatenay !... j'ai eu l'honneur de me présenter chez vous.

CHATENAY.

Moi aussi... je suis venu ce matin.

MANICAMP.

Ah ! je suis désolé.

CHATENAY.

On m'a dit que vous étiez chez votre notaire, je suis allé
chez votre notaire... vous veniez de repartir, je suis reparti,
j'ai pensé que je vous trouverais ici, je vous y trouve, tout est
pour le mieux.

MANICAMP.

Asseyez-vous donc, je vous en prie ! que de peine vous pre-

Chatenay, Manicamp.

nez... (*Ils s'asseyent.*) Croyez que je regrette sincèrement l'injure...

CHATENAY.

Quelle injure ?

MANICAMP.

Hier au bal...

CHATENAY.

Ce n'est pas une injure... c'est une faveur !

MANICAMP.

Oh ! c'est trop de bonté... mais je l'ai arrangée de la belle façon, allez... je l'ai traitée de sotte...

CHATENAY.

Qui ça?

MANICAMP.

Ma fille.

CHATENAY.

Elle ! oh ! mais un instant ! je ne souffrirai pas...

MANICAMP.

Comment?

CHATENAY.

Votre fille est un ange, Monsieur !

MANICAMP.

Je le sais bien... mais elle est trop vive, c'est un défaut.

CHATENAY.

Ce n'est pas un défaut... c'est une qualité !

MANICAMP.

Cependant...

CHATENAY.

J'ai reçu un soufflet ! après... si je les aime, si je ne m'en plains pas, ça ne regarde personne.

MANICAMP.

Convenez pourtant qu'elle a eu tort...

CHATENAY.

Je n'en conviens pas... quand on promet un menuet on ne livre pas une fricassée ! et j'ai livré une fricassée !

MANICAMP, *à part.*

Il a livré une fricassée !... (*Haut.*) Enfin, Monsieur, que voulez-vous ?

CHATENAY.

Monsieur, j'aime votre fille !

MANICAMP.

Ça ne m'étonne pas. On ne peut pas ne pas aimer Berthe. Après?

CHATENAY.

J'ai cinquante mille écus de rente, je suis vicomte...(*se levant*) et j'ai l'honneur de vous demander sa main !

MANICAMP, *se levant aussi.*

Monsieur... j'ai cinquante mille écus de rente, je suis marquis, je suis son père, et j'ai le regret de vous dire que c'est impossible...

CHATENAY.

Pourquoi ?

MANICAMP.

Je suis engagé avec Folleville.

CHATENAY.

Vous vous dégagerez.

MANICAMP.

N'y comptez pas.

CHATENAY, *se contenant.*

Marquis, je vous prie de remarquer que j'y mets des formes... j'ai l'honneur de vous demander la main de mademoiselle votre fille?

MANICAMP.

Et moi, j'ai l'honneur de vous la refuser.

CHATENAY, *se montant peu à peu.*

Ne me poussez pas à bout, je vous préviens que je suis très-vif. (*Il repousse son fauteuil.*)

MANICAMP.

Qu'est-ce que ça me fait... moi aussi je suis vif. (*Il repousse son fauteuil.*)

CHATENAY.

Voyons, ne nous emportons pas. Pourquoi ne voulez-vous pas être mon beau-père?

MANICAMP.

Parce que... parce que vous ne me plaisez pas.

CHATENAY.

Mais si je plais à votre fille.

MANICAMP.

Vous ! c'est faux.

CHATENAY.

Marquis, je vous prie de remarquer que vous êtes malhonnête....

MANICAMP.

Je suis comme je suis !

CHATENAY.

Ah !... Eh bien ! alors, je l'épouserai malgré vous.

MANICAMP.

Vous ne l'épouserez pas !

CHATENAY.

Je l'épouserai !

MANICAMP.

Ah ça, suis-je son père ! oui, ou non?

CHATENAY.

Parbleu ! pour la peine que ça vous a donnée !

MANICAMP.

Vous êtes un faquin !

CHATENAY.

Et vous un Cassandre !

MANICAMP.

Un Cassandre !... Oh ! c'est trop fort ! m'insulter chez moi... monsieur ! vous me rendrez raison !

CHATENAY.

Quand vous voudrez !

MANICAMP.

Tout de suite !

CHATENAY.

Me refuser sa fille ! (*Dégainant.*) En garde !

MANICAMP, *dégainant.*

Un Cassandre ! en garde ! (*Ils croisent le fer.*)

CHATENAY, *abaissant son épée.*

Marquis, pour la dernière fois, j'ai l'honneur de vous demander la main de votre fille ?

MANICAMP.

Vicomte ! pour la dernière fois... allez vous coucher.

CHATENAY.

AIR : *Quadrille du Cadeau du Diable.* (Pastourelle.)
En garde... défendez-vous.

MANICAMP.

Redoutez tout mon couroux.

CHATENAY.

Et je serai son époux.

MANICAMP.

Oui , si je meurs sous tes coups.

(*En ferraillant ils ont tourné. Manicamp est passé à gauche, Chatenay à droite.*)

SCÈNE X.

LES MÊMES, BERTHE. *

BERTHE.

Qu'y a-t-il donc ?... ce bruit !

MANICAMP.

Ma fille !... laisse-nous.

BERTHE.

Des épées ! (*A Chatenay.*) Que faites-vous ?

CHATENAY.

Vous le voyez... je fais ma demande. (*Il remet son épée.*)

BERTHE, *à Manicamp.*

Et vous ?

MANICAMP.

Moi, je suis en train de le remercier. (*Il remet son épée en remontant.*)

CHATENAY, *rejoignant Manicamp avec menace.*

Oui, monsieur votre père me refuse.

BERTHE, *à son père, qui redescend.*

Pourquoi ?

CHATENAY, *de même, redescendant.*

Pourquoi ? **

BERTHE.

Puisque nous nous aimons !

CHATENAY.

Puisque nous nous adorons !

MANICAMP.

Mais...

* Manicamp, Berthe, Chatenay.
** Berthe, Manicamp, Chatenay.

CENTER: **BERTHE.**

C'est de la tyrannie !....

CENTER: **CHATENAY.**

C'est de la barbarie !

CENTER: **MANICAMP,** *éclatant.*

Voulez-vous me laisser tranquille ?

CENTER: **CHATENAY.**

Vous n'avez pas le droit de faire notre malheur !

CENTER: **MANICAMP.**

Monsieur !

CENTER: **BERTHE.**

Et si nous voulons nous marier...

CENTER: **MANICAMP.**

Ma fille !

CENTER: **CHATENAY.**

Nous nous marierons !

CENTER: **MANICAMP.**

Monsieur !

CENTER: **BERTHE.**

Et tout de suite !

CENTER: **MANICAMP.**

Ma fille !

CENTER: **CHATENAY.**

A l'instant !

CENTER: **MANICAMP.**

Monsieur ! ah çà, vous tairez-vous ?

CENTER: **CHATENAY,** *et* **BERTHE.**

Non ! non ! non !

CENTER: **MANICAMP.**

Me braver !... me menacer !... oh ! si je ne me retenais ! (*Il prend le vase de fleurs sur la console à droite et le jette à terre,*) Tiens !...

CENTER: **CHATENAY.**

Ah ! c'est comme ça !... Vous croyez nous faire peur ! (*Il prend un vase sur la cheminée au fond et le brise.*) Tiens !

CENTER: **BERTHE,** *courant prendre le second vase sur la cheminée.*

Vous croyez nous faire la loi. (*Elle le jette par terre en piétinant avec rage.*) Tiens, tiens.

CENTER: **TOUS.**

Ah ! *

CENTER: **CHOEUR.**

CENTER: **AIR** : *De Blaise et Babet.*

CENTER: Ah! c'est affreux , ah! quel outrage !
CENTER: Mon cœur bondit de colère et de rage.
CENTER: Quel outrage! (*bis*).
CENTER: Je n'en puis subir (*bis*) davantage.

Pendant le chœur, Manicamp pousse dans un cabinet sa fille qui résiste et l'enferme à double tour. Chatenay sort par le fond à droite.

* Manicamp, Berthe, Chatenay.

SCÈNE XI.

MANICAMP, *seul.*

MANICAMP.

Ah ! j'étouffe... je suffoque... (*A la porte du fond.*) Insolent!... (*A la porte du cabinet.*) Petite pécore!... et mes porcelaines?... du vieux Sèvres!... Oh ! oh! s'il est possible!... (*Appelant.*) Dominique!... Après ça, c'est moi qui ai donné l'exemple... (*Appelant.*) Dominique !... (*Ramassant un des débris.*) C'est étonnant comme la porcelaine dure peu dans cette maison... On devrait la couler en bronze... comme les canons... (*Appelant.*) Dominique!... (*Il sort par le fond à gauche.*)

SCÈNE XII.

CHATENAY, *puis* **BERTHE**, *puis* **FOLLEVILLE**.

CHATENAY, *entrant vivement par le fond à droite.*

Eh bien ! non... je ne m'en irai pas !... Tes laquais, je les rosserai... et ta fille ! je l'épouserai, ta fille ! à ton nez, à ta barbe (*Bruit de vaisselle cassée dans le cabinet à gauche.*) Hein !.. c'est elle... je la reconnais !...

BERTHE, *trépignant dans le cabinet.*

Non ! non ! non! je n'aurai pas d'autre mari !... je le dirai, je le crierai... et je l'aurai !...

CHATENAY.

Pauvre petite ! (*Lui ouvrant.*) Venez, Mademoiselle, venez...

BERTHE, *entrant vivement.*

Ah! je suis d'une colère !...* M'enfermer ! me mettre en cage!... comme une pensionnaire ! (*Tout à coup à Chatenay.*) Ça ne vous fait donc rien, ça, Monsieur?...

CHATENAY.

Moi !...

BERTHE.

Dame !... vous êtes là... tranquille...

CHATENAY, *se montant.*

C'est vrai... je suis là tranquille... je ne dois pas être tranquille... je dois être furieux !... Ah ! nous allons voir !

BERTHE.

A la bonne heure !...

CHATENAY.

Mademoiselle ! je suis furieux !.. et si je ne me retenais, je... je... (*Cherchant une porcelaine pour la briser.*) Tiens !... il n'y en a plus !...

BERTHE, *indiquant le cabinet.*

Par là, c'est la même chose...

CHATENAY.

Oui, j'ai entendu les éclats... de votre douleur.

BERTHE.

Oh! d'abord... plutôt que d'épouser Folleville, j'entrerais dans un couvent...

* Chatenay, Berthe.

CHATENAY.

Moi aussi !...

BERTHE.

Dans un couvent d'Ursulines !...

CHATENAY.

Moi aussi !... c'est-à-dire...

BERTHE.

Et s'il faut résister...

CHATENAY.

Nous résisterons...

BERTHE.

Jusqu'à la mort !...

CHATENAY.

Ce n'est pas assez...

BERTHE, *changeant de ton.*

Ah ! mon Dieu ! et si papa m'enferme encore...

CHATENAY.

Ah ! diable !

MANICAMP, *dans la coulisse.*

Dominique ! Dominique !

BERTHE.

Ciel ! le voici !... Que faire ?... d'abord je ne veux plus rentrer dans ma prison !... (*Tout à coup.*) Ah !

CHATENAY.

Quoi ?

BERTHE, *prenant sous son bras la queue de sa robe.*

Monsieur... enlevez-moi !...

CHATENAY.

Hein ?...

BERTHE.

Je vous en supplie !... enlevez-moi !...

CHATENAY.

Au fait !... c'est un moyen... votre père sera bien forcé, après... *Remontant la scène.*) Je reviens...

BERTHE.

Eh bien !... où allez-vous donc ?...

CHATENAY.

Tout préparer... L'escorte, le carrosse...

BERTHE.

Un carrosse... c'est trop long... Enlevez-moi à pied !

FOLLEVILLE, *paraissant à la porte de droite, et à part.*

Qu'entends-je ?... Un enlèvement !... (*Il disparaît.*) *

BERTHE.

Ah çà, où irons-nous ?

CHATENAY.

Ah ! oui !... où irons-nous ?...

BERTHE, *frappée d'une idée.*

Ah !... chez ma marraine, la princesse de Conti... à deux pas ici... nous lui conterons nos peines... nous l'attendrirons, et

____

* Chatenay, Berthe, Folleville.

dans huit jours nous serons mariés... (*Avec impatience.*) Mais enlevez-moi donc, Monsieur.

CHATENAY.

Voilà! (*Avec la plus grande politesse.*) Mademoiselle, voulez-vous me faire l'honneur d'accepter mon bras?

BERTHE, *faisant une révérence.*

Avec plaisir, Monsieur.

ENSEMBLE.

CHATENAY *et* BERTHE.

AIR : *Quadrille de Jeanne d'Arc.* (Pastourelle).

Prudemment,
Doucement
Et bien vite
Que la fuite
A nos cœurs
Pleins d'ardeurs
Donne tous les bonheurs.

FOLLEVILLE, *reparaissant sur la reprise, et à part.*

Ah! vraiment,
C'est charment
Voir sa belle
Infidèle
Galamment
S'échappant
Avec un amant.

(*Chatenay et Berthe sortent bras dessus bras dessous par le fond à droite.*)

SCÈNE XIII.

FOLLEVILLE, *puis* MANICAMP, *puis* UN DOMESTIQUE.

FOLLEVILLE.

Eh! bien, ne vous gênez pas! (*Imitant Chatenay.*) Mademoiselle, voulez-vous me faire l'honneur d'accepter mon bras? (*Faisant une révérence comme Berthe.*) Avec plaisir, Monsieur... ils ont l'air d'aller danser un menuet... eh! bien, ça m'arrange, moi qui allais rompre avec ma cousine Aloïse... voici la lettre... et pour qui?.. pour une prétendue de trois pieds neuf pouces qui court les champs! ah! mais minute! je ne romps plus... (*Déchirant sa lettre.*) Je déchire...

MANICAMP, *entrant par le fond à gauche.*

Dominique!... (*Apercevant Folleville *) Comment, Folleville, vous êtes encore là!..

FOLLEVILLE, *gaîment.*

Mais oui!..

MANICAMP.

Quand je vous ai prié de courir chez le notaire, et de le ramener incontinent!...

FOLLEVILLE, *de même.*

Pourquoi faire?

MANICAMP.

Pourquoi faire?.. pour le contrat... (*A part.*) Dieu! que j'aurai un gendre stupide!

* **Folleville, Manicamp.**

SCÈNE XIII.

FOLLEVILLE, *de même.*

C'est inutile... le contrat ne se signera pas...

MANICAMP.

Comment !..

FOLLEVILLE, *riant.*

Il y a un obstacle... devinez...

MANICAMP.

Ah ! mon Dieu... le notaire est mort !..

FOLLEVILLE, *riant de plus en plus.*

Non... pas ça... c'est encore plus drôle... votre fille...

MANICAMP.

Eh bien !

FOLLEVILLE, *éclatant.*

Elle est enlevée !

MANICAMP.

Hein ?.. (*Il court à la porte du cabinet dans lequel il a enfermé sa fille.*)*

FOLLEVILLE, *sur le devant.*

C'est à crever de rire.

MANICAMP.

Partie !... avec Chatenay sans doute... vite... il faut courir... (*Il remonte à la porte du fond à droite et se trouve arrêté par un domestique qui lui remet une lettre.*)

LE DOMESTIQUE.

De la part de monseigneur le prince de Conti.**

MANICAMP.

Mon illustre protecteur !

LE DOMESTIQUE.

Monseigneur me charge de rassurer monsieur le marquis... par son ordre, mademoiselle Berthe vient d'être ramenée à l'hôtel.

MANICAMP.

Ah !

FOLLEVILLE, *au domestique, qui le salue.*

Que le diable t'emporte !.. (*Le domestique se retire.*)

MANICAMP.

Pauvre enfant... elle est revenue !..

FOLLEVILLE.

Oui, mais elle n'en a pas moins été enlevée.

MANICAMP.

Oh ! si peu... cinq minutes...

FOLLEVILLE.

Ça suffit...

MANICAMP.

Voyons... il n'y a pas un moment à perdre... courez chez le notaire.

FOLLEVILLE.

Permettez... après ce qui vient de se passer...

* Manicamp, Folleville.
** Manicamp, le Domestique, Folleville.

MANICAMP, *le poussant vers la porte.*

Oh ! Folleville !.. mon bon Folleville !

FOLLEVILLE, *résistant.*

Je ne sais pas si je dois...

MANICAMP, *même jeu.*

Mon carrosse est attelé... et puis, vous comprenez... le prince de Conti, la corbeille, la chasse aux canards...

FOLLEVILLE, *presque à la porte, et résistant.*

Oui... mais un enlèvement !..

MANICAMP, *perdant patience.*

Mais, allez donc, sacrebleu !

(*Il le pousse dehors, Folleville disparaît.*)

SCÈNE XIV.

MANICAMP, *puis* UN DOMESTIQUE.

MANICAMP.

Voyons... lisons vite la lettre du prince de Conti... (*Lisant.*) « Mon cher Manicamp... » (*Parlé.*) Son cher Manicamp !.. il a daigné écrire ça lui-même... de sa propre main !.. quel prince !.» (*Lisant.*) « vous êtes un ours... un sauvage... un turc à maure.... (*Parlé.*) Il est gai ce prince... (*Lisant.*) « J'ai entrepris de vous réconcilier avec cette mauvaise tête de Chatenay... » (*Parlé.*) Avec lui... jamais! (*Lisant.*) « et j'exige que vous l'invitiez à » dîner aujourd'hui même. » (*Parlé.*) Comment... recevoir à ma table un homme qui m'appelle Cassandre... et qui m'enlève ma fille !.. oh ! que nenni !.. (*Lisant.*) «Post scriptum.— » Dans une heure j'enverrai mon chambellan. » (*Parlé.*) Son chambellan! (*Lisant.*) « pour s'assurer qu'on a fait droit à mes » prières. » (*Parlé.*) A ses prières !.. à ses ordres !.. car c'est un ordre... et pas moyen de refuser... un prince du sang !.. (*Appelant.*) Dominique !.. (*Parlé.*) Mais qu'est-ce que je vais lui faire manger à cet animal-là? (*Appelant.*) Dominique !..... (*Parlé.*) Il me vient une idée. (*Appelant.*) Dominique !.. Dominique !.. non.　Joseph !

UN DOMESTIQUE, *entrant par le fond, à gauche.*

Monsieur le marquis !..

MANICAMP.

Mais que fait donc Dominique?

LE DOMESTIQUE.

Il ne fait rien, monsieur.

MANICAMP.

Très-bien... ne le dérange pas. Il me faut un dîner de deux couverts... tu diras au chef... (*Il lui parle à l'oreille.*)

LE DOMESTIQUE, *étonné.*

Comment?..

MANICAMP.

Je le veux... tu nous serviras ici... va. (*Le domestique sort.*)

MANICAMP.

Où aller pêcher ce Chatenay maintenant... et comment le décider... il va croire que je lui fais des avances... justement le voici...

SCÈNE XV

MANICAMP, CHATENAY *.

CHATENAY, *à part, sans voir Manicamp.*

Comprend-on le prince de Conti!.. exiger que je me fasse
nviter à dîner par Manicamp!.. quand il y a un quart d'heure
à peine, nous voulions nous couper la gorge... (*Apercevant
Manicamp.*) Ah! c'est lui!.. (*Saluant.*) Marquis...

MANICAMP, *lui rendant son salut.*

Vicomte! (*A part.*) Comment entamer la chose!..

CHATENAY, *à part.*

Je ne peux pas lui taper sur le ventre, et lui dire : Allons
nous mettre à table .. (*Saluant Manicamp.*) Marquis!..

MANICAMP, *lui rendant son salut.*

Vicomte!... (*A part.*) Voyons, il faut se décider... (*Haut.*)
Monsieur, je n'ai aucun plaisir à vous voir...

CHATENAY.

Ni moi... (*A part.*) Ça commence bien.

MANICAMP.

Néanmoins, si vous voulez me faire... l'amitié de dîner avec
moi...

CHATENAY.

Hein !...

MANICAMP.

Rien ne me sera plus... désagréable...

CHATENAY, *à part.*

Je comprends... il m'invite... par ordre... (*Haut.*) Mais
comment donc, marquis... je ne tiens pas du tout à vous être
agréable...

MANICAMP.

Ainsi vous acceptez ?

CHATENAY.

Avec répugnance...

MANICAMP.

C'est bien comme cela que je vous invite.

CHATENAY, *s'inclinant.*

Trop bon...
(*Deux domestiques apportent par le fond, à gauche, une table ri-
chement servie, les plats sont couverts.*)

ENSEMBLE.

AIR : *D'Haïdé.*

La table s'avance,
Ah! quel doux moment !
Nous ferons, je pense,
Un dîner charmant.
(*Chanté à l'octave basse*).

MANICAMP.

Prenons place... (*Il s'assied vivement le premier.*)

CHATENAY, *souriant.*

Prenons place...

Manicamp, Chatenay.

MANICAMP.

Monsieur, mon projet n'est pas de vous donner des ortolans.

CHATENAY.

Tant mieux... je ne les aime pas...

MANICAMP.

Ah ! si je l'avais su !.... (*Découvrant successivement les plats.*) Bœuf aux lentilles... mouton aux lentilles... veau aux lentilles.

CHATENAY.

J'adore les lentilles !...

MANICAMP, *vivement.*

Je vous préviens que cette année elles sont d'une très-mauvaise qualité.

CHATENAY.

Vous êtes trop aimable...

MANICAMP.

Mon projet n'est pas d'être aimable...

CHATENAY.

Vous n'aimez pas à changer vos habitudes...

MANICAMP, *lui offrant avec une grande politesse, une assiette garnie.*

Vous êtes un impertinent...

CHATENAY, *lui passant son assiette vide, avec la même politesse.*

Et vous un butor...

MANICAMP, *doucement.*

Croquant !...

CHATENAY, *de même.*

Ganache !...

MANICAMP, *piqué.*

Vicomte !...

CHATENAY, *de même.*

Marquis !...

MANICAMP, *prenant une bouteille, et avec douceur.*

Aimez-vous le Jurançon ?

CHATENAY.

Beaucoup.

MANICAMP.

En voici d'excellent... (*mettant la bouteille de côté.*) mais il n'est pas collé... (*Prenant une autre bouteille.*) Ceci est du Nanterre, près Paris... je le donne à mes cochers..

CHATENAY.

Servez-vous donc...

MANICAMP, *se versant de l'eau.*

Non, je ne bois de vin que lorsque je suis de bonne humeur.

CHATENAY.

Diable !... une bouteille doit vous durer longtemps...

MANICAMP, *à part, avec colère.*

Oh ! il me prend des envies de lui jeter la table à la figure.

CHATENAY, *regardant Manicamp et se mettant à rire.*

Ha ! ha ! ha !

MANICAMP.

Est-ce de moi que vous riez, Monsieur...

CHATENAY.

C'est une idée qui me passe en regardant votre air renfrogné... je pense à votre fille...

MANICAMP.

Je vous le défends...

CHATENAY.

Elle est si jolie, si gracieuse... et vous si... Ha! ha! voyez-vous, Manicamp... il est impossible que vous soyez le père de cette enfant-là...

MANICAMP.

Monsieur, vous êtes un palloquet!...

CHATENAY.

C'est égal... ça ne change pas mon opinion.

MANICAMP, *se levant furieux.*

Apprenez que la marquise de Manicamp était une femme de goût!

CHATENAY.

Raison de plus...

MANICAMP, *hors de lui.*

Taisez-vous... taisez-vous!...(*Il donne un coup de poing sur la table.*)

CHATENAY, *se renversant sur sa chaise en riant.*

Ha! ha! ha! si vous pouviez vous voir!...

MANICAMP.

Monsieur!...

CHATENAY.

Vous êtes affreusememt laid!...

MANICAMP, *exaspéré.*

Ah!... je n'y résiste plus!... tiens! (*Il veut lui jeter son verre d'eau à la figure, et le chambellan du prince de Conti, qui est entré reçoit tout en plein visage.*)

SCÈNE XVI.

LES MÊMES, LE CHAMBELLAN DU PRINCE DE CONTI.*

LE CHAMBELLAN, *recevant le verre d'eau.*

Ah! sacrebleu!...

MANICAMP, *à part.*

Le chambellan du prince!... je suis déshonoré...

LE CHAMBELLAN, *à Manicamp.*

Ah! marquis... une pareille injure envers un gentilhomme qui porte une épée!...

MANICAMP.

Mais ce n'était pas pour vous... c'était pour Monsieur...

LE CHAMBELLAN.

Qu'importe!

CHATENAY, *à part.*

Pauvre Manicamp!... (*Haut avec enjouement.*) Quoi donc!.. qu'y a-t-il? je ne comprends pas!...

LE CHAMBELLAN.

Ce verre d'eau...

* Manicamp, le Chambellan, Chatenay.

CHATENAY, *l'aidant à s'essuyer.*

Un service d'ami... je m'en allais... je m'évanouissais... et le marquis a eu la bonté... merci, Manicamp.

MANICAMP, *à part.*

Que dit-il ?

LE CHAMBELLAN.

Cependant... permettez...

CHATENAY, *sévèrement.*

Ah ! monsieur le chambellan... celui qui douterait de mes paroles, me ferait une offense personnelle...

LE CHAMBELLAN.

C'est différent, monsieur le vicomte... je me suis trompé... Je vais dire à monseigneur que ses intentions ont été remplies. (*Il sort par le fond à droite, Chatenay l'accompagne jusqu'à la porte.*)

SCÈNE XVII.

MANICAMP, CHATENAY.

MANICAMP, *à part avec émotion.*

Tant de générosité !... de noblesse !... au moment où j'ai failli le... maculer... (*S'attendrissant.*) Ah ! je sens une larme perler sous mes longs cils bruns !

CHATENAY, *revenant.*

Maintenant à nous deux, marquis...

MANICAMP.

Mon ami !...

CHATENAY.

Devant le chambellan, c'était bon... mais vous comprenez que l'affaire ne peut en rester là...

MANICAMP.

Comment un duel... avec vous... avec toi !... Quand c'est moi qui ai tous les torts... ah ! Chatenay, mon bon Chatenay..... embrassons-nous, Chatenay.

CHATENAY, *sans se prêter.*

Pardon... mais...

MANICAMP.

Tu dînes avec moi... et pour de bon... nous boirons du Jurançon... qui est collé depuis fort longtemps !... tu verras comme je suis gai... ah ! Chatenay ! mon bon Chatenay ! embrassons-nous, Chatenay :

CHATENAY, *se laissant faire.*

C'est une patène que ce marquis-là !

SCÈNE XVIII.

LES MÊMES, BERTHE. * (*Elle porte un petit carton et une cage.*)

BERTHE, *pleurant.*

Ah ! ah ! ah ! adieu, papa !..

MANICAMP.

Ma fille... où vas-tu ?...

BERTHE, *pleurant.*

Au couvent.

* Berthe, Manicamp, Chatenay.

MANICAMP.

Par exemple!... mais tu ne sais pas...

BERTHE, *pleurant.*

Je veux aller au couvent...

MANICAMP.

Mais écoute-moi donc...

BERTHE, *pleurant plus fort et avec colère.*

Non... je veux aller au couvent... ah! ah!

MANICAMP.

Eh bien, oui, là... tu iras au couvent... quand tu auras épousé Chatenay...

BERTHE, *joyeuse.*

Comment!... ah! quel bonheur! (*Apercevant Chatenay.*) Oh! (*Elle lui fait une longue révérence cérémonieuse.— Chatenay la lui rend.*)

MANICAMP, *les regardant.*

Petite sournoise... embrassez-vous donc!... *

CHATENAY, *embrassant Berthe.*

Avec plaisir, Manicamp...

SCÈNE XIX.

LES MÊMES, FOLLEVILLE.**

FOLLEVILLE, *entrant vivement.*

Voici le notaire.

MANICAMP, *à part.*

Folleville!... sapristi... je l'avais oublié!... (*Haut à Folleville.*) Mon ami, j'ai une petite communication à vous faire.

FOLLEVILLE.

Une communication... qu'est-ce que c'est?

MANICAMP.

Voilà... vous saurez que... non... (*A sa fille.*) Berthe, donne le bras à ton futur... (*Folleville se présente pour offrir son bras.*)

CHATENAY, *qui l'a devancé.*

Pardon!...***

FOLLEVILLE, *à Manicamp.*

Qu'est-ce que cela veut dire?

MANICAMP, *passant à droite.*

Vous savez si je vous aime, Folleville!... mon bon Folleville!... Parce que la chasse aux canards, voyez-vous... c'est magnifique!... mais d'un autre côté ce verre d'eau qui... enfin... c'est magnifique aussi... alors, vous comprenez... les événements... les circonstances... produisent un amalgame... dont la contexture... forme un tissu... et plus tard... Eh! mon Dieu! la vie n'est pas autre chose!... on se lève le matin, en se disant : Très-bien! c'est convenu! et le soir, prout... (*Avec émotion.*) Ah! Folleville! mon bon Folleville!... embrassons-nous,

---

* Manicamp, Berthe, Chatenay.
** Manicamp, Folleville, Berthe, Chatenay.
*** Manicamp, Folleville, Chatenay, Berthe.

Folleville!... (*Aux autres.*) C'est arrangé... c'est parfaitement arrangé !

CHŒUR.

Air : *De la Treille de Sincérité.*
Qu'on enterre
Toute colère ;
Plus de débats, plus de courroux !
Embrassons-nous (*bis*) !

MANICAMP, *au public.*

Suite de l'air.

Messieurs, quand je vois l'indulgence
Se peindre ici sur vos profils,
Ah ! je sens une larme immense
Qui vient perler sous mes longs cils,
Elle perle sous mes longs cils.
Prêtez-vous, je vous en supplie,
A mes tendres épanchements ;
Quand la pièce sera finie,
Au contrôle, je vous attends ;
Là, sans faute,
Au cou je vous saute,
Et je dis à chacun de vous :
Embrassons-nous ! (*bis*)

CHŒUR.

Qu'on enterre
Toute colère, etc.

(*Le rideau tombe.*)

FIN.

POISSY. — TYPOGRAPHIE ARBIEU.

Titre	Prix
La Conspiration de Malet.	60
Le Fil de la Vierge.	1 »
Brutus, lâche César.	» 60
Pompée.	» 60
Exposition des Produits de la République.	» 60
3e N° de la Foire aux Idées.	60
Feu de paille.	» 60
L'Hôtel de la Tête-Noire.	60
Eva.	» 60
Les Atomes crochus.	» 60
Un Oiseau de passage.	» 60
Le Groom.	» 60
Les Caméléons.	» 60
Les Parents de ma Femme.	60
Pas de fumée sans feu.	» 60
La Sonnette du Diable.	» 60
Le Chevalier Muscadin.	» 60
Rome.	1 »
L'Épouvantail.	» 60
Piquillo-Alliaga.	1 »
La Chute de Séjan.	2 «
4e N° de la Foire aux Idées.	60
Frisette.	» 60
Petit Pierre.	» 60
Graziella.	» 60
Le Bal du Prisonnier.	» 60
Deux Hommes.	1 »
La Famille Poisson.	» 60
Les Belles de Nuit.	» 60
Les Deux Sans-Culotte.	» 60
La Femme à la broche.	» 60
Croque-poule.	» 60
L'Impertinent.	» 60
La Jeunesse dorée.	1 »
La Vie de Bohème.	1 »
Une Tempête dans un Verre d'eau.	» 60
Les Marraines de l'an III	» 60
L'Année prochaine.	» 60
Les quatre Fils Aymon.	» 60
La Bossue.	» 60
Les deux Célibats.	» 60
Diviser pour régner.	» 60
Les Porcherons.	» 60
Lulli.	» 60
Saisons vivantes.	» 60
Laurence.	» 60
Rosette et Nœud coulant.	» 60
Métamorp. de Jeannette.	» 60
Mademoiselle de Liron.	» 60
Une Tutelle en Carnaval.	» 60
J'ai mangé mon ami.	» 60
Les Bijoux indiscrets.	» 60
Henriette Deschamps.	» 60
Un Monsieur qu'on n'attendait pas.	» 60
Un Coup d'État.	» 60
Nisus et Euryale.	» 60
Louise de Vaulcroix.	» 60
Embrassons-nous Folleville	60
Colombine.	» 60
Notre-Dame de Paris.	1 »

Titre	Prix
Le Courrier de Lyon.	» 60
L'Odalisque.	» 60
Restauration des Stuarts.	1 »
Une Idée fixe.	» 60
Princesse et Charbonnière.	60
Le Sous-Préfet s'amuse.	» 60
Songe d'une Nuit d'été.	1 »
La Petite Fadette.	» 60
Traversin et Couverture.	» 60
Mariage en trois étapes.	» 60
L'Amour mouillé.	» 60
La Maison du Garde.	» 60
Suffrage Ier.	» 60
Un Garçon de chez Véry.	» 60
La Volière	69
Le Jeu de l'Amour et de la Cravache.	» 60
La Queue du Chien d'Alcib.	60
Un vieil Innocent.	» 60
Le Roi de Rome.	» 60
Le Bourgeois de Paris.	» 60
Roméo et Mariette.	» 60
Capitaine... de Quoi.	» 60
Chodruc-Duclos.	» 60
Président de la Basoche.	» 60
Le Sopha.	» 60
L'Echelle de femmes.	» 60
Fantaisies de Milord.	» 60
Le Bonhomme Jacques.	» 60
Les Roués innocents.	» 60
Faust et Marguerite.	» 60
Qui se dispute s'adore.	» 60
Héraclite et Démocrite.	» 60
Les Pavés sur le pavé.	» 60
Charles VI, opéra.	1 »
L'Amant jaloux.	» 60
Mariage sous la régence.	» 60
Pied-de-Fer.	1 »
Marianne.	1
Quand on attend sa belle.	» 60
Divorce sous l'Empire.	» 60
La dot de Mariette.	» 60
Les deux Aigles.	» 60
La plus belle nuit de la vie	» 60
Phénomène.	» 60
Andromaque.	» 60
Baignoires du Gymnase.	» 60
La Douairière de Brionne	» 60
Sapho.	» 60
Amoureux sans le savoir.	» 60
Un Mr qui suit les femmes	» 60
Bajazet.	» 60
Pomponnette et Pompadour	» 60
Portes et Placards.	» 60
Prétendus de Gimblette.	» 60
Règne des Escargots.	» 60
Ennemis de la maison.	» 60
Le Maître d'armes.	» 60
Jean le postillon.	» 60
L'hôtel de Nantes.	» 60
Le Canotier.	» 60
Mémoires du Gymnase.	» 60
Fais la cour à ma femme.	» 60

Titre	Prix
Une Clarinette qui passe.	» 60
Testament d'un garçon.	» 60
Un Mystère.	» 60
Trois coups de pied.	» 60
Tout vient à point...	» 60
Steeple-chase.	» 60
Vol à la fleur d'orange.	» 60
Jeanne.	» 60
La tante Verluchou.	» 60
Don Gaspar.	1 »
Le Collier de Perles.	1 »
Femme qui perd ses jarretier.	60
Une Passion du Midi.	» 60
Deux Lions râpés.	» 60
Bonsoir M. Pantalon.	» 60
La Chasse au Roman.	1 »
Bruyère.	» 60
On demande des culottières.	» 60
Métamorph. de l'Amour.	» 60
Manon Lescaut.	1 »
Le Muet.	1 »
Dans une Baignoire.	» 60
Les Routiers.	1 »
L'Amour à l'Aveuglette.	» 60
Contes d'Hoffmann	1
Le Démon de la Nuit.	1 »
Le 2e Mari de ma femme.	» 60
Martial le Casse-cœur.	» 60
Midi à 14 heures.	» 60
Mmes Bertrand et Mlle Raton	60
Souper de la Marquise.	» 60
Comment l'esprit vient aux garçons.	» 60
La Fin du Roman.	» 60
Aventures de Suzanne.	» 60
Les Vengeurs.	» 60
C'est la Faute du Mari.	1 »
Si Dieu le veut.	» 60
La ferme de Primerose.	» 60
Le père Jean.	» 60
Les Bâtons flottants.	2 »
Derrière le Rideau.	» 60
Femme qui trompe son mari	60
Salvator Rosa	1 »
En Manches de chemise.	» 60
Un chapeau de paille.	» 60
Mari d'une jolie femme.	» 60
Un fameux numéro.	» 60
Mathurin Régnier.	1 »
Le Prophète.	1 »
Sous les Pampres.	» 60
Un Roi de la mode.	» 60
Les 4 parties du Monde	» 60
Marthe et Marie	1 »
Mosquita la Sorcière.	1 »
Dieu merci le couvert est mis	60
Les Filles de l'air.	» 60
Le Coucher d'une Étoile.	» 60

PIÈCES DE THÉATRE FORMAT GRAND IN-8.

Titre	Prix
Le Prophète.	1 »
Le Val d'Andorre.	1 »
Le Premier Chapitre.	» 60
Le Poisson d'avril.	» 60
Une Maîtresse anonyme.	» 60
La Recherche de l'Inconnu.	60
Richard Cœur-de-Lion.	» 60
Le Proscrit, opéra.	1 »
Le Serpent sous l'herbe.	» 60
La Cavotte...	60

Titre	Prix
Les Frères Dondaine.	» 60
Juanita.	» 60
Philippe II.	» 60
L'Étoile du Berger.	» 60
Les Libertins de Genève.	1 »
Le Trompette de M. le Prince.	1 »
Le Jardin d'hiver.	1 »
Rocambole le bateleur.	1 »
La Mère de Famille.	» 60

Titre	Prix
L'Enfant du Carnaval.	3 »
Don Juan, opéra.	1 »
Monsieur de Maugaillard.	60
L'Inconsolable.	» 60